AF198906

Bernhard Bauhofer
**Corona**
**Einsichten fürs Leben**

Herstellung und Verlag:
BoD – Books on Demand, Norderstedt
ISBN: 9783751914352

Bibliografische Information der Deutschen Nationalbibliothek
Die Deutsche Nationalbibliothek verzeichnet diese Publikation in der Deutschen
Nationalbibliografie; detaillierte bibliografische Daten sind im Internet über
http://dnb.d-nb.de abrufbar.

Bernhard Bauhofer

# CORONA

EINSICHTEN FÜRS LEBEN

# Inhalt:

*Der Tod ist groß*
*Wir sind die Seinen*
*Lachenden Munds*
*Wenn wir uns mitten im Leben meinen*
*Wagt er zu weinen*
*Mitten in uns*

**Rainer Maria Rilke, Der Tod ist groß**

# Vorwort:

## B.C. (Before Corona) – es wird nie mehr so sein

Das Jahr 2020 wird in der Menschheitsgeschichte einen bedeutenden Platz einnehmen. Schon jetzt hat die Corona-Pandemie das Leben der Menschen radikal und fundamental verändert. Schon nach wenigen Wochen Abwesenheit würden ein Weltraumfahrer oder ein von der Umwelt abgeschnittener Einsiedler bei der Rückkehr in die Zivilisation ihre Erde nicht mehr wiedererkennen mit ihren wie leergefegten Straßen und Orten und den sich argwöhnisch begutachtenden, sich auf Distanz haltenden Menschen. Die Nachbeben dieser Krise werden für die Kinder unserer Kinder zu spüren sein.

Dieses Ereignis wird wohl das Prädikat „truly global" verdienen, hat doch das Virus den Planeten im Sturm für sich eingenommen, wie es vor ihm nur wenige geschafft haben.

Die Ironie des Schicksals dabei ist: Während die an der Lungenkrankheit erkrankten Menschen atemringend um ihr Leben kämpfen, fand der überstrapazierte Planet Erde angesichts des weltweiten Stillstands die Gelegenheit, für eine Zeit durchzuatmen.

Im Raum steht nun die zentrale Frage: Wird die Menschheit nach diesem Funktionsversagen den Motor wieder anwerfen als ob nichts gewesen wäre, oder nimmt sie einen fundamental neuen Weg im Umgang mit den natürlichen Ressourcen – und vor allem im Umgang miteinander?

Als ich diese Zeilen schreibe, befinden wir uns noch im Auge des Sturms und niemand kann das ganze Ausmaß der Schäden abschätzen. Doch sie werden gigantisch sein, unsere Lebensweise fundamental verändern, und unseren Lebensstandard wohl spürbar senken.

Schaue ich auf mein eigenes Leben zurück versuche ich das, was gerade abläuft, einzuordnen. Ich habe schon vieles erlebt und überlebt – vom kalten Krieg, über Tschernobyl, die deutsche Wiedervereinigung, den Jahrtausendwechsel, die Dotcom-Blase – die 2010er Jahre als Krisenjahrzehnt – bis hin zur Finanzkrise in 2008, als dessen Krönung. Und jetzt – die Corona-Krise. Sie scheint alles bisher Dagewesene in den Schatten zu stellen.

# „Papi, wann sind wir da?"

Kaum war die Krise ausgebrochen und noch lange nicht am Zenit angekommen, stellten wir ungeduldig die Frage, wie lange dieser Ausnahmezustand denn noch dauern würde. Mit einer gespenstischen Leere scheint im Lockdown die Zeit still zu stehen. Die so oft als Therapie und Vermeidung von Burnout gepriesene Entschleunigung, die wir so schwer umzusetzen wussten, ist jetzt zwangsverordnet. Kaum aus dem oft beklagten Hamsterrad ausgestiegen, beweist der Homo Sapiens mit den Hamsterkäufen seinen Hang zu Aktionismus – und Egoismus.

# Old habits die hard

Allzu schnell wollen wir in unser gewohntes, oft verfluchtes Leben zurück. Doch die Corona-Krise zwang uns buchstäblich, von einem Moment auf den anderen unseren Alltag über Bord zu werfen. Es liegen keine Besuche von Restaurants, Clubs oder Fitnessstudios mehr drin, kein Feierabendbierchen mit Freunden. Spontaneität außerhalb der eigenen vier Wände ist untersagt.

Wir sind wohl gerade zu Zeitzeugen einer neuen Ära geworden und werden möglicherweise unsere jüngere Geschichte in die Zeit vor Corona und die Zeit danach einteilen. Welches neue Zeitalter jetzt anbrechen wird, weiß niemand. Die langfristigen Auswirkungen sind schwer abzuschätzen. Sich schon seit längerem abzeichnende Trends könnten sich beschleunigen, andere Trends im Keim erstickt werden. Was jedoch bedeutet dies für jeden einzelnen von uns – privat wie beruflich? Hier der Versuch einer gedanklichen Einordnung.

# Einsichten fürs Leben

**Was will uns diese Jahrhundert- oder gar Jahrtausendkrise biblischen Ausmaßes lehren? Welche positiven Erkenntnisse können wir aus dieser Phase des Vakuums, die genügend Zeit zur Reflexion bietet, ziehen? In welchem Sinne ist dieses Ereignis als Weckruf zu verstehen?**

## Wir gehen auf Distanz

*Uno tan cerca del otro y de pronto mi amor*
*Podemos hacernos daño*
*(Vielleicht schaden wir uns,*
*wenn wir so nah beieinander sind)*

*Juanes, Podemos hacernos daño*

An welche schrankenlose Welt hatten wir uns gewöhnt, an die Möglichkeit, die Welt zu bereisen und Menschen in aller Herren Länder zu treffen, mehrere Male pro Jahr in die Ferien zu fahren. Kurz mal nach Shanghai oder auf die Malediven fliegen. Durch neue Kulturen und Sprachen, exotisches Essen und fremdländische Rituale ist unser Leben bunt und spannend geworden. Zukünftig mag dies nicht mehr so

13

problemlos möglich sein. Möglicherweise erleben wir jetzt eine Abkehr von Integration, Inklusion, Multikulti und von Toleranz, auf die wir zu Recht stolz gewesen sind. Was wird uns die Erfahrung mit dem Virus, das vom fernen China den Weg zu uns gefunden und weltweit gewütet hat, lehren? Werden einzelne Länder und Gemeinschaften sich voneinander abschotten? Erfolgen permanente Gesundheitskontrollen? Werden nationalistische und fremdenfeindliche Parteien gestärkt werden? Schon jetzt untersuchen nationale Expertenkommissionen, welche Fehler im Management der Krise gemacht worden sind. Schon 9/11 hat uns eine massive Zunahme von Kontrollen und Überwachungen beschert. Wir sollten uns schon jetzt auf weitere Verschärfungen einstellen. Unser Leben – das ist zu befürchten – wird noch eingeschränkter und unfreier werden.

# Was wir wirklich brauchen

*Sometimes all I need is the air that I breathe
And to love you*

*The Hollies, the air that I breathe*

Ein Nebeneffekt der Corona-Isolation ist der reduzierte Konsum. Außer Essen und Medikamenten kaufen wir im Moment der Isolation kaum mehr etwas. Die eigenen Ausgaben sinken massiv, was die Restaurant- oder Shopbesitzer schmerzlich zu spüren bekommen und sie an den Rand der Existenz bringt. Während das Shopping oft als Ersatzbefriedigung herhalten musste, erleben wir jetzt eine gewisse Befreiung von einem Konsumzwang, den wir uns oft selbst auferlegt hatten. Luxusmarken und ganze Markenwelten, die uns ein Lebensgefühl vorgespielt hatten, verlieren plötzlich ihren Reiz. Wozu das Ganze, fragen wir uns. Irgendwann werden wir wieder unser Haus verlassen dürfen, Dinge unternehmen und kaufen – im Innersten aber die Frage behalten: Brauche ich das wirklich?

# No more "Made in China"

In der Arbeitsteilung der globalisierten Wirtschaft hat China lange Jahre die Funktion der Werkbank eingenommen. Viele Lieferketten haben ihren Ursprung im Reich der Mitte. Das Corona-Virus – Chinas neuester „Export-Schlager", hat den Ruf des Landes jedoch schwer und nachhaltig geschädigt. Verschleierung, Intransparenz, mangelnde Hygiene sind zum Markenzeichen der Chinesen und der diktatorischen Regierung geworden. Diese Krise ist deshalb ein gigantischer Rückschlag in den erfolgreich angelaufenen Bemühungen Chinas, sich von dem Ruf des kopierenden Massenproduzenten zu einer hochentwickelten Volkswirtschaft zu emanzipieren. Auf der anderen Seite eröffnet es uns neue Möglichkeiten, Produkte des täglichen Lebens wieder selbst zu produzieren, Güter und Waren aus unserem unmittelbaren Umfeld zu beziehen und dabei auf eine nachhaltige und umweltschonende Herstellung zu achten. Wir werden der Rückverfolgbarkeit der Produkte, die in unserem Haushalt oder unseren Tellern landen, wohl zukünftig mehr Aufmerksamkeit widmen.

# Loyalität zahlt sich aus

*If the sky that we look upon*
*Should tumble and fall*
*And the mountains should crumble to the sea*
*I won't cry, I won't cry, no I won't shed a tear*
*Just as long as you stand, stand by me*

**Ben E. King, *Stand by me***

In den denkwürdigen Momenten, in denen die Welt um uns zusammenbricht, und jemand da ist, der dir die Hand reicht, wirst du das niemals vergessen. Aber auch umgekehrt wird es dir im Gedächtnis haften bleiben, wenn dich wer in schweren Zeiten im Stich lässt. Die Corona-Krise ist ein Stresstest für Beziehungen und gleichermaßen eine Chance – privat wie geschäftlich. Unternehmen stehen vor einer denkbar schwierigen Herausforderung: einerseits wollen sie die über Jahre aufgebauten Talente und Teams auf keinen Fall verlieren, andererseits lässt der vom Corona-Virus ausgelöste wirtschaftliche Tsunami keine Alternative zu Entlassungen im großen Stil. Unternehmensführer sind jetzt gefordert, mit Fingerspitzengefühl, Empathie und betriebswirtschaftlichem Geschick, ihr Unternehmen durch die Krise zu manövrieren. Von vorschnellen

Maßnahmen ist abzuraten: Mit der Ankündigung keine Mieten mehr zu bezahlen, hat sich Adidas die Sympathien nicht nur der Immobilienbesitzer verscherzt. Der Rückzieher von diesem Entscheid wiederum ist Ausdruck von einer hohen Unsicherheit und blankliegenden Nerven. In unserem privaten Umfeld erleben wir heute schon, wie die Krise Freunden und Bekannten oder uns selbst den Boden unter den Füßen wegzieht. Und diese Krise wird noch weitere Kreise ziehen und wirtschaftliche Existenzen bedrohen. Während der Staat kurzfristig den Geldhahn aufdreht, um das Schlimmste abzuwenden, werden die sozialen Sicherungssysteme längerfristig an ihre Grenzen stoßen. Die Corona-Krise hat – das geben uns zumindest die Medien und Politiker vor – einen kriegsähnlichen Zustand hervorgerufen. Zeitzeugen und Dokumentationen vom zweiten Weltkrieg erzählen von einem großen Zusammenhalt zwischen den Menschen, von einer großen Solidarität und einem Ruck, der nach dem Motto „Wir schaffen das gemeinsam" durch alle Schichten und Klassen geht. Es wäre schön, wenn ein ähnliches Gemeinschaftserlebnis uns zusammenschweißen und die Gräben zwischen uns – über alle Parteien, Religionen und Interessensgruppen hinweg – zuschütten würde.

# Shutdown, Lockdown, Breakdown

*What's new, pussycat? What'd I say?*
*I said the soul of a nation been torn away*
*And it's beginning to go into a slow decay*
*And that it's thirty-six hours past Judgment Day*

**Bob Dylan, Murder most foul**

Nicht wenige sehen in der Corona-Epidemie eine göttliche Strafe oder die Rache der Natur für unsere Verbrechen an Mutter Erde. Dabei bringt die Corona-Krise vor allem den Verschleiß und den maroden Zustand großer Länder wie den USA und Großbritannien gnadenlos zum Vorschein. Während die neoliberale Politik in extremis den Staat und Sozialleistungen am liebsten ganz abschaffen würde, versagen großspurige Politiker im Krisenmanagement. Ineffiziente und unzureichend auf Krisen vorbereitete Gesundheitssysteme mit Millionen von nicht krankenversicherten Menschen führen zu Chaos und in letzter Konsequenz zu vielen Toten. Welche Lehren werden die Verantwortlichen rückblickend aus diesem Desaster ziehen – und wie wollen sie ihre Bürger zukünftig besser schützen?

# Wir sind verletzlich

*On and on the rain will fall*
*Like tears from a star*
*Like tears from a star*
*On and on the rain will say*
*How fragile we are*
*How fragile we are*

*Sting, Fragile*

Die Corona-Krise hat uns brutal aufgezeigt, wie verletzlich und angreifbar wir Menschen trotz des medizinischen Fortschritts und aller entwickelten Sicherheitssysteme sind. Dabei ging es uns doch so gut: Gesunde, aktive und reiselustige Senioren haben unser Bild vom Alter geprägt; Menschen, die sich nach dem aktiven Berufsleben neu erfinden und sich nach dem Motto „60 ist das neue 40" selbst verwirklichen und neu erfinden. Das Corona-Virus hat sich in diese Idylle hineingefressen und die Verletzlichkeit und Schutzbedürftigkeit vor allem betagter Menschen schonungslos aufgezeigt. Nicht nur Altenheime sind zur Brutstätte des Corona-Virus geworden, sogar junge Menschen sind dem Virus zum Opfer gefallen. Als Träger des Virus sind wir oft unwissentlich zu dessen töd-

licher Waffe und zum trojanischen Pferd inst-
rumentalisiert worden. Im Bewusstsein unserer
eigenen Verletzlichkeit und der unserer Mitmenschen mögen wir zukünftig behutsamer mit
uns umgehen.

# Das neue Gesicht der Arbeit

*We just need a face to face*
*You could pick the time and the place*
*You spent some time away*
*Now you need to forward and give me all the*
*Work, work, work, work, work, work*

*Rihanna, Work*

Die Corona-Krise bringt auch positive Erkenntnisse: Für viele Unternehmen wird die tägliche
Bewältigung der Krise der Beweis sein, dass
Teams sich sehr wohl virtuell organisieren und
effektiv arbeiten können. Längst vorhandene
Technologien wie Tele-Conferencing oder Skype
haben den Härtetest bestanden und ihre Alltags-
tauglichkeit unter Beweis gestellt. Der Shutdown
hat sich als der Beschleuniger unser aller Transformation in die digitale Welt dargestellt. Unternehmen werden sich zukünftig berechtigt fragen, ob sie noch große, sündhaft teure Paläste
als Unternehmenszentralen bauen und ihre
Mitarbeiter weltweit auf Reisen schicken wollen. Insofern wird die Krise uns effizienter und
bewusster machen – vor allem im Umgang mit
den Ressourcen. Work is where your home is.

# Von zuhause um die Welt

*Open your heart, open your mind*
*A train is leaving all day*
*A wonderful trip through our time*
*And laughter is all you pay*
*Around the world in a day*

**Prince, Around the world in a day**

Die Auswirkungen der Corona-Pandemie auf die Reise- und Tourismusindustrie sind aufgrund von Ausfällen und Stornierungen jetzt schon fatal. Langfristig zeichnet sich ein noch düstereres Bild ab. Werden die von Rezession und Arbeitslosigkeit heimgesuchten Menschen noch das Geld für Ferien haben? Wer will nach dem Motto „eine Seefahrt, die ist lustig..." noch ein Kreuzfahrtschiff betreten, wenn dieses durch einen kleinen unsichtbaren Virus zum Gefängnis und Todesschiff mutiert und eine Traumreise flugs zum Albtraum wird. Der Sicherheit zuliebe wird der Weltreise den lokalen Ausflug vorziehen, von dem man dann auch gute Chance hat zurückzukehren. Denn die Angst wird sich langfristig in unseren Gehirnen festsetzen – die Angst, dass die alten Viren, resistent wie sie sind, in Hotelzimmern überleben und in Klimaanlagen noch lange zirkulieren werden. All dies kann den Trend von virtuellen Ferien dank Augmented Reality-Technologien beschleunigen. Vom Sofa aus schnell mal nach Hawaii oder Neuseeland!

# Sicherheit ist eine Illusion

*It's just an illusion, illusion, illusion*
*it's just an illusion*
*(Putting me back) in all this confusion*
*(Could it be that) it's just an illusion (now)*

*Imagination, Just an illusion*

Was haben wir nicht alles für unsere Sicherheit unternommen. Eine Arbeitslosenversicherung soll uns vor den Folgen eines Jobverlusts, ein total reglementierter Verkehr vor Unfällen und Verletzungen schützen. Wer etwas auf sich gibt und es sich leisten kann, heuert einen Bodyguard an. Autos und Flugzeuge sind mit den modernsten Sicherheitssystemen ausgestattet, um ein Schadensrisiko auf ein Minimum zu reduzieren. Wie behaglich haben wir es uns dieser vermeintlich sicheren Welt eingerichtet! Ihre Schätze bunkern die Reichen schuss- und einbruchsicher in zollfreien Lagern oder in Bergstollen. Was Naturereignisse wie Tsunamis oder Erdbeben, die meist in großer Ferne von uns passieren und immer andere treffen, nicht geschafft haben, hat der Corona-Virus geschafft: Er hat uns klargemacht: Wir sind immer und überall angreifbar. Auch wenn das Corona-Virus seine Kraft dereinst verlieren wird, kann jederzeit von irgendwo her eine neue Pandemie entstehen. Auch die Schweiz – die Insel der Glückseligen – welche meist vor großen Kriegen und Unglücken verschont worden war, war nicht imstande, den virtuellen Feind von der Invasion abzuhalten. Als Gesellschaft wie auch als Einzelne werden wir unsere Anforderungen an Absicherung neu definieren und neue Sicherungssysteme entwickeln müssen. Persönliche Achtsamkeit, Disziplin sowie Selbstschutz und Schutz unserer Mitmenschen vor uns selbst erlangen eine neue Bedeutung.

# Im Tod sind wir allein

*The mare haunts my mind*
*Dimension of despair*
*The edge of death*
*My hands grips none*
*The fight is ended*
*As I'm dying alone*

**Withered Beauty, (I am) Dying Alone**


Im eigentlichen Moment des Sterbens sind wir allein. Das Corona-Virus trennt die Sterbenden jedoch schon lange von ihren Angehörigen. Alte Menschen sterben isoliert von ihren Familien in Altersheimen, Corona-Infizierte sind fernab von ihren Familien einem langsamen Sterben ausgeliefert. Nachrichten aus Ecuador schockierten mit der Meldung, dass Corona-Leichen die Straßen des Landes bedecken. Leichen werden wir zu Kriegszeiten in Lastern abtransportiert – Bilder , die uns unweigerlich an Konzentrationslager erinnern. Beisetzungen ohne Beisein der Familienmitglieder sind ein unwürdiger Abgang, ohne eine Grabesrede oder eine Laudatio. Das Virus hat keine Respekt vor der Würde des Menschen, es reduziert ihn zu einem kontaminierten Stück Fleisch. Das Corona-Massensterben sollte für uns zum Anstoß werden, über unsere eigene Endlichkeit und den Tod nachzudenken – und das uns verbleibende Leben mit den richtigen Menschen zu teilen. Lasst uns großzügig sein und anderen in Not helfen solange wir dazu noch in der Lage sind, denn das letzte Hemd hat ja bekanntlich keine Taschen.

# Der Feind ist unsichtbar

Wounded and tired and worried
It's like fighting an invisible enemy
Wounded and tired and worried
What lies ahead you thought you'd never see

*August Burns Red, Invisibly Enemy.*

Wir haben es geschafft, unsere Daten und Dokumente durch Antiviren-Programme und Firewalls zu schützen. Unsere Autos fahren mit der besten Technologie und zig Sensoren, welche den Abstand zum vorderen Fahrer automatisch einhalten. Wir werden vor Objekten gewarnt, die herannahen oder uns beim Ein- und Ausparken im Wege stehen. Unsere Häuser lassen wir über ferngesteuerte Überwachungssysteme schützen. Dank Internet of Things und all den intelligenten Systemen lassen wir Dinge miteinander kommunizieren, damit sie uns vor allerlei Unheil schützen. Doch der Krieg mit dem unsichtbaren Feind hat die Spielregeln völlig verändert. Während uns schon das Terrornetzwerk al-Qaida und seiner tentakelartigen Organisation vor einer neuartigen Herausforderung in der Kriegsführung gestellt hatte, stellt das Virus uns erneut auf die Probe. Es lässt sich nicht durch keine Schutzschilder oder ferngesteuerte Waffen abhalten. Es verändert seine Natur und ist uns immer einen Schritt voraus. Wir werden lernen, Gefahren neu zu bewerten. Freunde, denen wir nahekommen, können unwillentlich zu unseren größten Gefährdern werden und viceversa. Umarmungen und Händeschütteln wird man spärlicher einsetzen und das Einhalten einer gesunden Distanz als wahre Wertschätzung auslegen.

# Pleite, nicht mehr sexy

*Geld weg, Frau weg, Blagen weg!*
*Schalalala alles weg!*
*Geld weg, Frau weg, Blagen weg!*
*Ich bin pleite aber sexy!*

*Jens Hübner, Pleite aber sexy*

Das Corona-Virus hat nicht nur tausenden Unternehmen weltweit quasi über Nacht den Boden unter den Füßen weggezogen, es hat sich auch als erbarmungsloser Partykiller geoutet, dem Faschingsveranstaltungen, Konzerte und Parties allesamt zum Opfer gefallen sind. Und dieses Sterben wird sich noch viele Woche und Monate fortsetzen. Nirgends wird der Sekundentod der Spaßgesellschaft offensichtlicher als auf Mallorca, einer auf Urlaub, Freizeit und ausgiebigen Party-Spaß ausgerichtete Insel. Deutsche Familien, die Haus und Hof verlassen haben, um auf Mallorca ihre Bar, Restaurant oder Fitness-Studio aufzubauen, stehen vor dem Aus. Geschlossene Grenzen und Flughäfen, auf unbestimmte Zeit verhängte Ausgangsverboten halten Touristen von der Insel ab und lassen die eh schon dünnen Barreserven der Tourismusindustrie im einsetzenden Frühlingssommer dahinschmelzen.

Auch der Party Skiort Ischgl, von dem das Todes-
virus seine Europatournee begann, kommt nicht
mit einem Hangover davon, sondern muss mit
einer Klagewelle seitens der Infizierten rechnen.
Die Party ist bis auf Weiteres vorbei.

# Die Erde aus dem Würgegriff befreien

*I've trudged the Earth for so damn long*
*And still don't know shit (What's going on?)*
*All these shootings, pollution,*
*we under attack on ourselves*
*Like, let's all just chill (Hey),*
*respect what we built (Hey)*
*Oh, yeah, baby, I love the Earth*
*I love this planet*

**Lil Dicky, Earth song**

Noch am Weltwirtschaftsforum stand die Umwelt-aktivistin und Fridays for Future-Gründerin Greta Thunberg im Rampenlicht. Die von ihr forcierte ökologische Revolution dominierte die Themen in den Panel-Diskussionen und den Firmenpa-villons. Seither ist es bedenklich still um sie und ihre Bewegung geworden. Es ist zu befürchten, dass die Corona-Krise und der Absturz der Welt-wirtschaft der ökologischen Bewegung mas-siv den Wind aus den Segeln nehmen werden. Schon jetzt verlieren die Grünen in Deutschland an Zuspruch. „It's the economy stupid!" Wie in der Finanzkrise werden auch jetzt traditionelle Industrien mit Subventionen am Leben erhalten und der oft gepriesenen Transformation der Wirtschaft zu mehr Nachhaltigkeit und Ökologie ein Riegel vorgeschoben.

# Stunde der Spezialisten

*They'll give you medals*
*If they'll love your high notes*
*If you'll meet the Colonel*
*If you'll rule the barnyard*
*If, if you specialize*
*I specialize*

**Marilyn Monroe, *Specialization***

Die Corona-Krise hat uns die Wichtigkeit der Spezialisten und deren Erfahrung vor Augen geführt. Nicht selten wurden Akademiker als „Studierte" abgehandelt, welche in ihrer abstrakten und entrückten Gedankenwelt nur theorisieren, dabei große Budgets verschlingen und der Gemeinschaft schlussendlich wenig bringen. Corona hat dem Ansehen der Wissenschaft ein Revival beschert und die Virologen und Gesundheitsexperten ins Scheinwerferlicht gerückt. Dabei könnte die Diskrepanz zwischen dem lebensgefährlichen Halb- oder Nichtwissen der Politiker wie Donald Trump oder Jair Bolsonaro in der Virenkrise und den sie beratenden Experten größer nicht sein: auf der einen Seite faktenbasiertes Wissen und Intellekt auf der anderen Seite fahrlässiges Geplappere und lebensgefährdender Populismus. Die Wissenschaft dürfte zu den Gewinnern dieser Krise zählen und von einer höheren Wertschätzung und mehr Fördermitteln profitieren.

# Tun statt reden

*A little less conversation,*
*a little more action please*
*All this aggravation*
*ain't satisfactioning me*

**Elvis Presley, A little less conversation**
**(a little more action)**

Angesichts des unfassbaren Ausmaßes dieser Krise fühlen sich viele Menschen überfordert, manche geraten gar in Schockstarre oder ziehen sich schlichtweg zurück in der Hoffnung, dass der Sturm bald vorbeigehe. In der Suche nach der Bewältigung der Krise und dem optimalen Weg aus ihr heraus, wird viel debattiert. Wie in anderen Krisen und Kriegen kommt es aber vor allem auch auf die Macher an – Menschen, die als Leader das Heft des Handelns ergreifen, Fachleute, die still und ohne großen Aufhebens professionell ihre Arbeit erledigen und dann die vielen helfenden Hände, die selbstlos anpacken und helfen. In dieser Stunde sind Visionäre gefordert, welche in der Lage sind, die sich jetzt ergebende Chance eines Neuanfangs in eine Realpolitik zu transformieren. Es braucht Initiativen, welche die Interessen und Ansprüche der Menschen bündeln und ihnen Mut geben – selbst wenn der Ausgang der Experimente noch in den Sternen steht. Notorische Kritiker und Nörgler, die von der Seitenlinie aus und gleich von Anfang an aus Prinzip alles schlechtmachen, sollten jetzt einfach mal still sein. Wir müssen den Anspruch auf Perfektionismus, der uns in der Vergangenheit oft geschadet hatte, fallenlassen und dem Risiko des Scheiterns in unserem Zukunftskonzept einen festen Platz einräumen.

# Leben oder Wirtschaft, das ist hier die Frage

But if this ever changin' world
In which we live in
Makes you give in and cry
Say live and let die
Live and let die

*Paul Mc Cartney & Wings, Live and let die*

Die Corona-Krise hat sich zu einer Reihe von existentiellen Fragen zugespitzt, welche wohl kein Ethiker sich jemals ausgemalt haben könnte: Sollen Staatenlenker, um die Wirtschaft vor dem totalen Absturz zu retten, den Lockdown aufheben und dabei ein erneutes Ansteigen der Zahl der Infizierten riskieren? Sollen ältere Menschen und Risikogruppen von den jüngeren separiert werden, damit diese wieder zur Arbeit gehen und ihr gewohntem Leben nachgehen können? Man erinnere sich: In der Finanzkrise wurden die faulen Kredite, die „toxic assets", in sogenannte „bad banks" ausgelagert, um die Banken zu retten. Welche Mittel sind uns recht, um wirtschaftlich zu überleben und ein Massensterben von Unternehmen zu verhindern und welche menschlichen Opfer nehmen wir dafür willentlich in Kauf? Es geht noch weiter: Wollen wir nach Corona wirklich unsere durch und durch ungerechte Wirtschaftsordnung, die durch eklatante Einkommens- und Vermögensunterschiede zementiert war, unverändert weiterführen? Sind wir weiterhin bereit, obszöne Managergehälter zu tolerieren und mangelnde Leistung vermeintlicher Top-Manager noch mit fetten Boni zu garnieren? Dieses System und diese Ausprägung des Kapitalismus werden angesichts der uns bevorstehenden Explosion der Arbeitslosenzahlen schwer aufrechtzuerhalten sein. Die Politik sollte dieses Mal nicht wieder die Chance zur Regulierung verpassen.

# Der Hamster in uns

*You can't always get what you want*
*But if you try sometimes you might find*
*You get what you need*

**The Rolling Stones,**
**You can't always get what you want**

Was man eigentlich nur noch vom Hörensagen und von Erzählungen der Eltern oder Großeltern aus Zeiten von Kriegen und der großen Depression kennt, ist jetzt eingetreten. Quasi über Nacht ist die dünne Decke des zivilisierten Verhaltens eingebrochen und wohlsituierte Menschen kaufen in Panik Vorräte. Während sich wenige Wochen zuvor der Run auf exklusive Dinge wie die neuesten, in beschränkter Stückzahl produzierten sündhaft teuren Sneakers von Balenciaga oder Nike richtete, stürzen sich dieselben Menschen ohne irgendwelchen nachvollziehbaren Grund auf Toilettenpapier wie die Titanic Reisenden auf die zu knapp bemessenen Rettungsboote. Statt sich zu rühmen, die letzten Vorräte ergattert zu haben, sollten sich diese Menschen aufgrund ihres Egoismus und Rücksichtslosigkeit ganz einfach schämen. Wir alle sind gut beraten, all die Waren, die wir achtlos von den Regalen in den realen oder virtuellen Einkaufskorb legen, mehr zu schätzen.

# Cash is still King

*Money, it's a crime*
*Share it fairly, but don't take a slice of my pie*
*Money, so they say*
*Is the root of all evil today*
*But if you ask for a rise, it's no surprise*
*That they're giving none away*

**Pink Floyd, Money**


Was macht die Corona-Krise mit unserer Beziehung zu Geld? Nicht zum ersten Mal haben wir um unser Erspartes und unsere Anlagen zu fürchten. Wir ertappen uns dabei, wie wir bange mit einem Auge auf die steigende Zahl der Corona-Infizierten blicken und mit dem anderen auf die ins Bodenlose fallenden Aktienkurse. Dabei kommen Erinnerungen an die Finanzkrise in 2008 hoch, in der nicht nur der Wert der Aktien und Investments in den Keller ging, sondern schnell mal das Gerücht die Runde machte, dass Banken kein Bargeld mehr ausgeben würden. Dabei ist Cash – wie so ziemlich in allen Krisen – King. Mit Liquidität kann man Ausfälle bei Einkommen überbrücken. Mutige Investoren investieren nach Kursstürzen in Aktien und Fonds. Darüber hinaus stellt sich eine ganz entscheidende Frage: Wird das Revival des physischen Geldes den Aufstieg des virtuellen Geldes und der Kryptowährungen stoppen können? Und – dürfen wir jetzt alle auf eine Geldregen durch Helikoptergeld hoffen?

# Digitalisieren oder sterben

*We are, we are the face of the future*
*We are, we are the digital heartbeat*
*We are, we are the face of the future*
*We don't wanna change,*
*we just want to change everything*

*Imagine Dragons, Digital*

Keine Frage, die Digitalisierung ist ein Trend, der die Welt verändert. Viele haben diesen Trend in erster Linie spielerisch in Form von Online-Games oder Apps wahrgenommen. Ihren praktischen Nutzen beweist die Digitalisierung gerade jetzt in Form von digitalen Schulen oder der digitalen Verwaltung. Die Digitalisierung ist der Garant, dass die Wirtschaft und das Leben nicht ganz still steht. Dank Internet und Cloud-Lösungen arbeiten wir jetzt von unserem Home Office aus. Die digitalen Stars unter den Unternehmen, allen voran Amazon, bauen jetzt ihren Wettbewerbsvorsprung mit Riesenschritten weiter aus. Der eh schon schwächelnde stationäre Handel hingegen erlebt ein Fiasko mit verwaisten Einkaufszentren und ausbleibenden Umsätzen. Smartphones und Soziale Medien erlauben des von Konzert- und Tourneeabsagen geplagten Künstlern, sich und ihren Fans mit Live-Streamings die Langeweile zu vertreiben.

Welcome to the brave new digital world!

# Denk an die Zeit nach dir

*And when I'm gone just carry on don't mourn*
*Rejoice every time you hear the sound of my*
*voice, just know that*
*I'm lookin' down on you smilin'*
*And I didn't feel a thing so baby, don't feel no*
*pain, just smile back*

**Eminem, When I'm gone**

Was wäre, wenn ich morgen sterbe? Warum stellen wir uns diese ganz natürliche Frage eigentlich nicht von Zeit zu Zeit? Im guten Sinne hinterlasse ich ein Vermächtnis – Erinnerungen an gemeinsame Stunden mit der Familie und Freunden oder gar ein Lebenswerk, das nach meinem Tod weiterlebt und an mich erinnert. Die Corona-Krise sollten wir als Anstoß für eine frühzeitige, ordnungsgemäße Nachfolgeregelung willkommen heißen und uns dabei die tausenden von Opfern der Corona-Krise vor Augen halten, denen es nicht mal vergönnt war, von ihren Familien Abschied zu nehmen geschweige denn, ihren letzten Willen zu verfassen. Dabei haben es vor allem die Hinterbliebenen schwer, die sich nicht selten lange nachdem sich Trauer gelegt hat, wegen ungeregelten Erbverhältnissen in den Haaren liegen.

# Pflege Deine Freunde

*Like a king, I may live in a palace so tall*
*With great riches to call my own*
*But I don't know a thing*
*In this whole wide world*
*That's worse than being alone*

**Elvis Presley, Where no one stands alone**

Wer in der Corona-Krise weder auf Freunde oder Familie zählen kann, zählt zur Risikogruppe – zur Gruppe derer, die durch Depression und Vereinsamung besonders gefährdet sind. Wenn Dating und Tinder nicht mehr funktionieren, wenn spontane Bekanntschaften auf Kurztrips oder Nachtclubs ausgeschlossen sind, dann reduziert sich das Leben auf einen ganz engen Kreis von Menschen. Wehe dem, der in der Krise nur auf sich gestellt ist. Die Krise wird uns lehren, unseren Nächsten – den Menschen, die wirklich eine Bedeutung in unserem Leben haben, mehr Zeit und Aufmerksamkeit zu schenken. Eine Whatsapp-Nachricht, ein Video-Chat – noch nie war es so einfach und günstig, mit den uns wichtigen Menschen in Kontakt zu stehen und sie an unserem Leben teilzuhaben.

# Den Wert von Medikamenten wieder schätzen

*Heal the world*
*Make it a better place*
*For you and for me*
*And the entire human race*
*There are people dying*
*If you care enough for the living*
*Make it a better place*
*For you and for me*

*Michael Jackson, Heal the world*


Die vollen Regale in den Apotheken und das Arsenal an Medikamenten in unserer Hausapotheke ließen uns die medizinische Versorgung als eine Selbstverständlichkeit erleben und den Wert einer einzelnen Tablette und ihrer Wirkung gar nicht mehr wertschätzen. In diese Welt des Überflusses stieß das Corona-Virus vor, gegen das kein Medikament hilft und kein Impfstoff vorbeugt. Alle Hoffnungen ruhen nun auf den Pharmaunternehmen und Forschern weltweit, so dass sie bald das heiß ersehnte Wundermittel präsentieren und den Covid 19-Infizierten zugänglich machen mögen. Die Corona-Krise lehrt uns, die Medizin und Medikamente wieder mehr zu schätzen und weniger über zu hohe Krankenversicherungsbeiträge und Arzt- und Krankenhausrechnungen zu klagen.

# Wir sind alle gleich

*We all know*
*That people are the same wherever you go*
*There's good and bad in everyone*
*We learn to live when we learn to give each other*
*What we need to survive*
*Together alive*

*Paul McCartney, Ebony and Ivory*


Was ist das Revolutionäre an dem Corona-Virus? Anders als die Politik behandelt das Virus uns alle gleich – unabhängig von unserem Status, unseres Geschlechts, unserer Hautfarbe, unserer Rasse, Religion, Bildung oder Parteizugehörigkeit. Es befällt Hollywood-Schauspieler wie Spitzenpolitiker oder Straßenarbeiter gleichermaßen und lässt sich nicht wie das die Trump-Beraterin Jenna Ellis im Fall von HIV tut, als „Gottes Strafe für Homosexuelle" verteufeln. Könnte dieses verbindende Erlebnis des Ausgeliefertseins uns schlussendlich alle einen und ein neues Wir-Gefühl schaffen? Gibt es Hoffnung auf den Abbau von Schranken und werden wir alle – Arme wie Reiche – dereinst gleichen Zugang zu Medikamenten oder Impfstoffen haben?

# Reduktion auf das Wesentliche

*And I won't break*
*And I won't bend*
*But someday soon we'll sail away*
*To innocence*
*And the bitter end*
*And I won't break*
*I won't bend*
*And with the last breath we ever take*
*We're gonna get back*
*To the simple life again*

**Elton John, Simple life**

Was macht ein glückliches Leben aus und was schafft Zufriedenheit? Jetzt, nachdem wir seit Wochen in einem Ausnahmezustand leben und die fremde Krankheit immer näherkommt, könnte unsere Antwort auf die Frage ziemlich anders ausfallen. Klar, Gesundheit ist das Wichtigste. Aber haben wir immer danach gelebt? Ist nicht der reich, der gesund ist und sich schon immer mit wenigen einfachen Dingen zufriedengegeben hat oder sich zufriedengeben musste? Wie erleben die Vermögenden an der Spitze der Einkommens- und Vermögensskala dieses Erdbeben? Lernen sie aus der Krise, was sie vorher schon wussten, es aber nie beherzigten? Werden die It-Bags, der Zweit- oder Drittwagen, das ultimative Golfset mit Initialien – all die Sachen, die man sich unüberlegt und vielleicht als Konsequenz einer Unerfülltheit angeschafft hat, nach wie vor ihren hohen Wert behalten? Oder sind all die Luxusgegenstände nur noch affig und mehr Fremdkörper als Teil von uns? Dinge, die uns vom Wesentlichen abgelenkt haben, nämlich uns selbst.

# Du bist stärker als du dachtest

*And then a hero comes along*
*With the strength to carry on*
*And you cast your fears aside*
*And you know you can survive*
*So when you feel like hope is gone*
*Look inside you and be strong*
*And you'll finally see the truth*
*That a hero lies in you*

*Mariah Carey, Hero*

Gerade Krisen historischen Ausmaßes wecken in uns existentielle Ängste. Mit dem Gefühl, dem Virus hilflos ausgeliefert zu sein, ziehen wir uns auf uns und unsere Familien zurück und gehen auf Distanz zu anderen Menschen. Das ist zwar nicht heldenhaft, jedoch angesichts der verordneten Isolation absolut gesetzeskonform. Dann gibt es die andere Reaktion in uns. Wir beugen uns nicht kampflos dem Feind, der uns gesundheitlich und wirtschaftlich zerstören will. Wir richten uns mental auf, ergreifen unaufgefordert Initiative, übernehmen Verantwortung und helfen wo Not am Mann ist. Und mit dieser Hilfe kommt eine Kraft zurück, die uns wieder selbst stärkt. Wir entdecken und erleben in uns ungeahnte Kräfte, wachsen über uns hinaus – getragen von der Gewissheit, dass wir in dieser Phase unseres Lebens etwas Sinnhaftes tun.

# Natural leadership

*Oh, wir können sie schlagen*
*Für alle Zeiten*
*Dann sind wir Helden*
*Nur diesen Tag*

**David Bowie, Helden**

In Krisen wie diesen kann ungeahnt die Stunde der wahren Helden schlagen. Dann, wenn Ablauf- und Notfallpläne nicht mehr greifen und Improvisation und Leadership gefragt sind. Corona macht aus Normalos Helden. So wird aus Kliniken berichtet, dass Krankenschwestern in Notfallsituationen ganz natürlich die Führungsrolle einnehmen und sich Vorgesetzte und Ranghöhere ebenso natürlich ihnen unterordnen. Diese Schlüsselerfahrungen sollten uns lehren, Menschen nicht nur nach Titeln, Diplomen oder Position im Unternehmen zu bewerten. Vielmehr sollten Menschlichkeit den Weg in das Jobprofil finden und der hohe Einsatz von Kranken- und Pflegepersonal für andere Menschen endlich auch finanziell belohnt werden.

# Respektiere das Alter, Besuche die Alten

*Will you still need me, will you still feed me*
*When I'm sixty-four*

**Beatles, When I'm sixty four**

Wann ist man alt? Wenn man in Rente ist, oder die ersten Beschwerden hat, der Opa nicht mehr ohne Hilfe auf die Toilette und sich anziehen kann? Ist man mit 70, 80, 90 oder erst mit 100 Jahren alt? Diese magische Grenze des Alters war nie lange klar gezogen, zumal die betagteren Personen nach außen fit schienen. Das Corona-Virus hat hier schonungslos Klarheit geschafft. Man ist mit über 60 Jahren alt, weil man dann offiziell zur Risikogruppe gehört. Und mit dieser Zugehörigkeit wird man zur Belastung für die Gesellschaft und an den Pranger gestellt wie in der deutschen Satire: „Corona rafft die Alten dahin. Das ist nur gerecht. Sie haben ja den Planeten gegen die Wand gefahren." Aus Respekt vor älteren Menschen und deren Lebensleistung ist es unsere Pflicht, dieser Erosion der Wertschätzung Paroli zu bieten.

# Wer spart ist smart

*Ay, we gon' save that money*
*What we do? We gone save that money*

**Lil Dicky, $ave dat money**

Auch diese Krise offenbart, wie schnell man finanziell in die Bredouille kommen kann. Gerade die hochverschuldeten öffentlichen und privaten Haushalte in den USA, von denen sich viele noch nicht einmal von der 2008 Finanzkrise erholt haben, sind jetzt mit der nächsten finanziellen Katastrophe konfrontiert. Bei den zusätzlich von Arbeitslosigkeit bedrohten Familien, die eh schon von einem Zahltag zum nächsten leben, sind für außerplanmäßige Aufwendungen keine finanziellen Reserven vorhanden. Allen Überschuldeten stehen brutale Zeiten vor, wovon das krisengeschüttelte Griechenland ein Lied singen kann. Wer hingegen gespart hat und heute mit einem finanziellen Polster ausgestattet ist, kann auf eine gute Bewältigung der Krise hoffen. Erleben wir nach einem jahrzehntelangen Verschuldungsboom jetzt eine Renaissance des Sparens?

# Singen, um zu überleben

*We're gonna lift you higher, higher*
*Hearts burning bright like a fire, fire*
*Voices unite; make it louder, louder*
*We're never gonna stop singing*
*Ooh, We're never gonna stop singing*

*Soul Survivor, Never Gonna Stop Singing*

In der schwersten Krise seit dem zweiten Weltkrieg, die tausenden von Landsleuten das Leben gekostet hat und weiter kosten werden, singen Italiener auf ihren Balkonen, um sich gegenseitig Mut zu machen, dem Virus zu trotzen und sich als Einheit zu fühlen. Musik ist nicht nur die universelle Sprache, sondern wirkt wie ein Antidepressivum. In Spanien machen Polizisten auf ihren abendlichen Patrouillen Halt und geben in den leeren Gassen den in den Häusern verbannten Bewohnern ein Ständchen. Während die Politik selbst in Krisenzeiten spaltet und Parteien die Krise nutzen, um aus Fehlern des politischen Gegners Kapital zu schlagen, vereint die Kunst und vor allem die Musik. Künstler, die selbst wegen geplatzter Konzerte und Shows existenziell bedroht sind, spenden durch spontane Gigs über Instagram oder Facebook Trost. Umso dramatischer sind die Kürzungen der Kultur-Etats als Folge der Corona-Krise.

# Zeit ist alles

*Running from the nightmare*
*In the middle of the road*
*Hell's no place for sleeping*
*In a world beyond control*

*Billy Idol, Speed*

Unternehmer wissen es bestens. Wer eine Innovation entwickelt hat, muss alles daransetzen, schnellstmöglich und vor der Konkurrenz mit ihr auf den Markt zu gehen. Gerade für Startup-Unternehmen, die auf ein Produkt setzen, ist das richtige Timing für den Markteintritt oft der ausschlaggebende Faktor. Nicht selten bestimmt die Geschwindigkeit nicht nur über den Erfolg einer Produktlancierung, sondern oft gar über die Überlebenschancen des Unternehmens. Zeit kann aber auch über das Überleben von Menschen entscheiden, wie uns aktuelle vor Augen geführt wird. Mit Hochdruck wird die Produktion von Schutzmasken, Ventilatoren oder Beatmungsgeräten vorangetrieben und Produktionskapazitäten ausgebaut. In Rekordtempo werden ganze Kliniken aus dem Boden gestampft. Pharmaunternehmen liefern sich ein Wettrennen in der Entdeckung eines Corona Impfstoffes.

# Besitz wird zur Last

*Imagine no possessions*
*I wonder if you can*

*John Lennon, Imagine*

Wieviel Sinn macht es, ein fünfzigtausend Euro teures Auto zu kaufen, wenn es innerhalb weniger Wochen schon fünf- oder zehntausend Euro weniger wert ist? Was wollen und können wir uns zukünftig überhaupt von dem noch leisten, was wir unser eigen nennen? Gerade in Krisenzeiten unterliegen materielle Güter einem teilweise dramatischen Wertverfall. Wenn der Großteil der Menschen an Geldknappheit leidet, gibt es zudem kaum Käufer für Dinge, ohne die man auch ganz gut leben kann. Mit großer Wahrscheinlichkeit wird diese Krise die Sharing Economy mit neuen Modellen befeuern. Insbesondere bei Millennials, die bekanntermaßen wenig Wert auf die traditionellen Statussymbole legen.

# Zeit für die wahren Influencer

*And that girl comes on and tells me*
*How tight my skirts should be*
*She can't tell me who to be*
*'Cause I've got my own identity*
*I can't get no, oh no no no*
*I can't get no uh, satisfaction*

**The Rolling Stones, (I can't get no) satisfaction**
**(Version Britney Spears)**

Wie aktuelle Studien belegen, fühlen sich die Social Media Influencer von der Corona-Krise existenziell bedroht. Demnach herrscht eine große Unsicherheit, wie sich ihre Inhalte nach der Krise verändern werden. Wen interessiert nach Corona diese Art der Selbstdarstellung, wenn er womöglich mit ganz anderen Sorgen und existenziellen Problemen zu kämpfen hat. Dieser düstere Ausblick raubt tausenden von jungen Menschen weltweit endgültig die Illusionen, mit reinem Schein nachhaltig viel Geld verdienen zu können. Hingegen hat die eine neue Qualität von Meinungsbildern hervorgebracht, zu denen Virologen und andere Wissenschaftler zählen. Besonders schwer wiegt die Meinung Bill Gates, welche das Wissen über Viren mit Business Know-how kombiniert und somit der Politik wie kein anderer wertvolle Ratschläge erteilen kann.

# Den Toten gedenken

*And even though we try*
*The truth brings us to tears*
*All our words cannot express*
*The joy you brought us through the years*

***Elton John, Candle in the Wind***

Den durch die Corona-Pandemie verursachte Verlust an Menschenleben können wir als Anstoß annehmen, den von uns gegangenen Freunden, Partnern und Familienangehörigen zu gedenken und in Vergessenheit geratene Erinnerungen wiederaufzufrischen. Versetzen wir uns gedanklich in all die aktuell Trauernden in China, Italien, Iran oder Großbritannien. Die Bilder ihrer Trauer wecken in uns Erinnerungen an Momente des Abschiednehmens.

# Stille schätzen

*Words like violence*
*Break the silence*
*Come crashing in*
*Into my little world*
*Painful to me*

**Depeche Mode, Enjoy the silence**


Wer trotz Social Distancing seine vier Wände verlässt, wird mit einer überwältigenden Stille konfrontiert, die sich auf den Straßen und Plätzen ausgebreitet hat. Würden wir uns nicht selbst daran erinnern, dass dieser Stillstand je länger je mehr einen großen wirtschaftlichen Schaden verursacht, könnten wir uns an diese friedliche und gleichzeitig inspirierende Situation gewöhnen. Gerade weil sie uns nicht davon ablenkt, zu uns selbst vorzustoßen und Dinge in unserem Leben zu hinterfragen. Wir sollten die Chance nutzen, diese wertvolle Stille in die Zeit nach Corona mitzunehmen und ihr einen festen Platz in unserem Tagesablauf einzuräumen.

# Das Ende von Hollywood, wie wir es kennen

*Fool me once, fool me twice*
*Are you death or paradise?*
*Now you'll never see me cry*
*There's just no time to die*

**Billie Eilish, No time to die**

Katastrophenfilme wie „Amargeddon" oder „The Day after Tomorrow" waren als Blockbuster wichtige Umsatztreiber. Als Zaungäste durften Kinobesucher mit Popcorn und Cola bestückt die Weltuntergangsgeschichten genießen, wohlwissend, dass ein Happy End auf sie wartete. Im Zentrum des Filmgeschehens steht meist New York – die niemals schlafende Weltmetropole, die ausgerechnet auch zum Hotspot der Corona-Seuche geworden ist. Jetzt nachdem das Weltuntergangsszenario Realität geworden ist und ein Happy End alles andere als gewiss ist, wird den Menschen die Lust an Endzeitfilmen gründlich vergangen sein, weil sie die Corona-Pandemie wie einen verdammt schlechten Film erlebt haben.

# Angst ist ein guter Ratgeber

*I don't know what's right and what's real anymore*
*And I don't know how I'm meant to feel anymore*
*And when do you think it will all become clear?*
*'Cause I'm being taken over by the fear*

*Lily Allen, The fear*

„Angst ist ein schlechter Ratgeber". Wie so vieles hat die Corona-Krise auch diesen Ratschlag auf den Kopf gestellt. Das Virus hat allzu arglos händeschüttelnde Politiker wie auch feiernde Après-Ski-Urlauber befallen und macht weder vor Pensionären noch vor Jugendlichen Halt, die sich entgegen allen Vorgaben in Grüppchen tummeln. Wer in Zeiten der Corona-Krise Angst hat und Vorsicht walten lässt, ist nicht schwach, sondern handelt intelligent und schützt sich wie andere. Wer hingegen überzeugt ist, stärker als das Virus zu sein, läuft Gefahr, hinterlistig infiltriert zu werden.

*It's the end of the world as we know it*
*(time I had some time alone)*
*It's the end of the world as we know it*
*and I feel fine*

**R.E.M., The end of the world as we know it**

*Es reden und träumen die Menschen viel*
*von bessern künftigen Tagen,*
*nach einem glücklichen goldenen Ziel,*
*sieht man sie rennen und jagen.*
*Die Welt wird alt und wird wieder jung,*
*doch der Mensch hofft immer Verbesserung.*

*Friedrich Schiller, Hoffnung*

# Carpe Diem.

*Bernhard Bauhofer,*
*Wollerau (Schweiz), April 2020*